Anna Lana

Das unanständige Labyrinthe Buch für Erotik Fans

Bibliografische Information der Deutschen Nationalbibliothek:
Die Deutsche Nationalbibliothek verzeichnet diese Publikation in der Deutschen Nationalbibliografie; detaillierte bibliografische
Daten sind im Internet über http://dnb.dnb.de abrufbar.

© 2021 Anna Lana; 1. Auflage
Covergrafik, Texte & Illustrationen © 2021 Anna Lana
Herstellung und Verlag: BoD – Books on Demand, Norderstedt

ISBN: 9783754310403

Hilf Laura den eng anliegenden Body durch Lösen der Druckknöpfe im Schrittbereich etwas zu lockern.

1

Start

Ziel

Lösung zu Labyrinth 1

Hilf Janine ihre
Strapshalter zu
öffnen, während
deine Finger
seitlich in ihren Slip
gleiten.

Start

Ziel

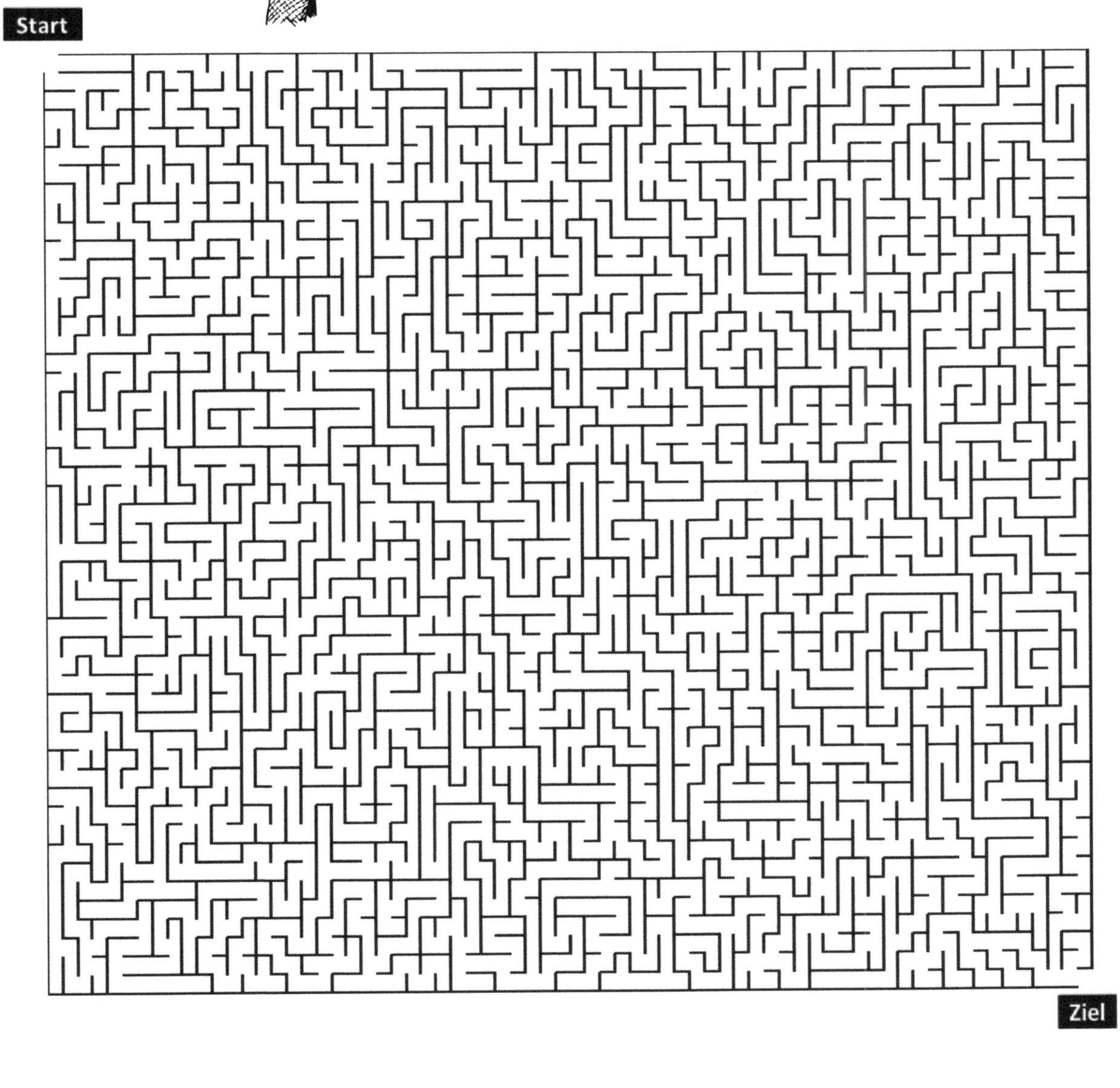

Lösung zu Labyrinth 2

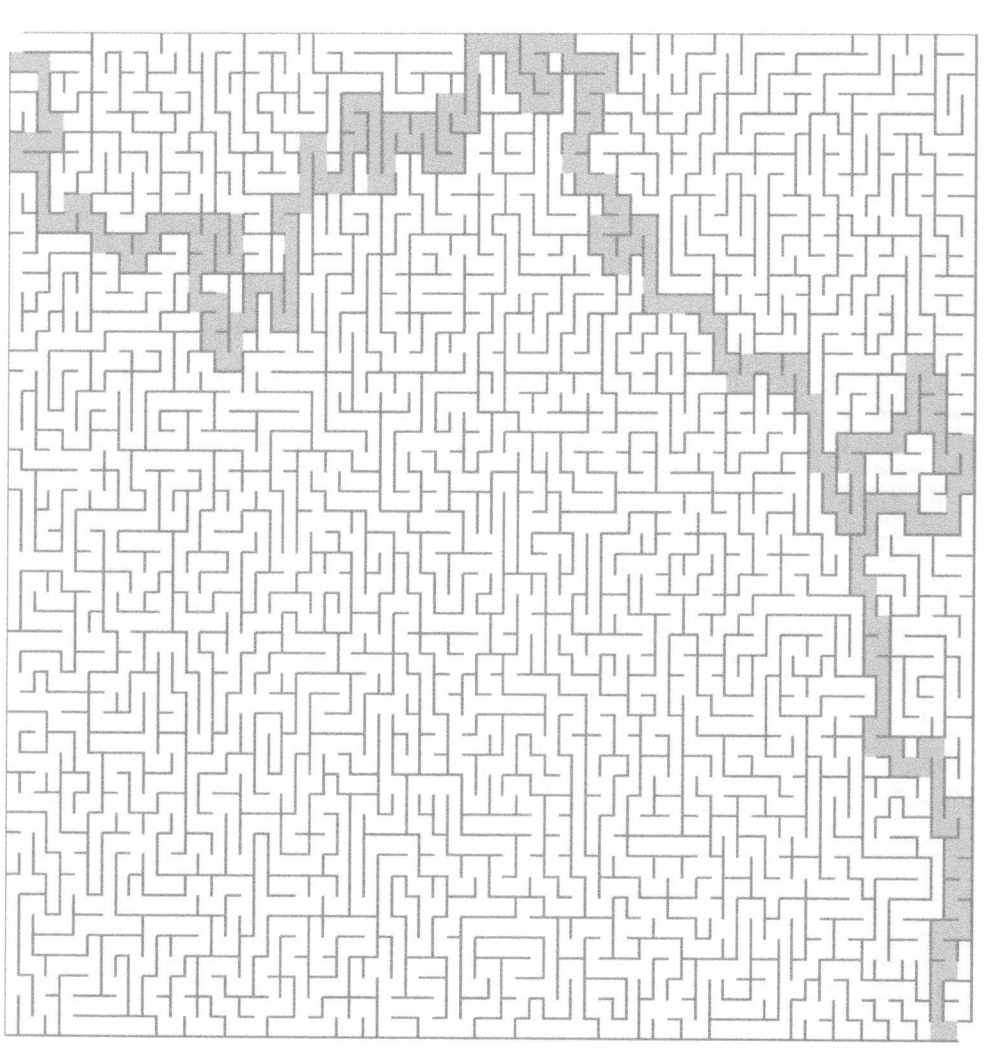

Hilf Elinore sich
nach vorne
zu beugen,
während du dich
merklich hart an
ihren Po drückst.

3

Start

Ziel

Lösung zu Labyrinth 3

Hilf Melanie ihren
Muschelschmuck
zwischen ihren Beinen
zurecht zu rücken,
wobei dein kleiner
Finger immer wieder
wie zufällig leicht in sie
eindringt.

4

Start

Ziel

Lösung zu Labyrinth 4

Hilf Maria ihre Brustnippel mittig und mit sanften Saugbewegungen deines Mundes durch die Öffnungen der DVDs zu ziehen.

Start

Ziel

Lösung zu Labyrinth 5

Hilf Petra ihren
Slip zu finden,
während sie sich
sanft streichelt.

Start

Ziel

Lösung zu Labyrinth 6

Hilf Sabine ihren Slip
auszuziehen
um die passende
Stelle für
ihr Intimpiercing zu
finden.

Start

Ziel

Lösung zu Labyrinth 7

Hilf Andrea die beste
Pose für dich
zu finden, damit du
direkt in ihren
Ausschnitt schauen
kannst, während sie
dich heftig mit dem
Mund verwöhnt.

Start

Ziel

Lösung zu Labyrinth 8

Hilf Carina ihr Kleid zu bändigen, damit sie sich mit zur Seite geschobenen Slip direkt auf dein hartes Bedürfnis setzen kann.

Start

Ziel

Lösung zu Labyrinth 9

Hilf Sophie ihren
BH zu entfernen,
damit sie deine
Stange mit
ihren „Zwillingen"
bearbeiten kann.

10

Start

Ziel

Lösung zu Labyrinth 10

Hilf Antonia das Kissen
unter ihren Becken zu
platzieren und ihren Slip
zur Seite zu schieben,
damit du „ungehinderten
Zugang" hast.

11

Start

Ziel

Lösung zu Labyrinth 11

Hilf Sophia den Bewegungs-
rhythmus an der
Stange zu finden,
der dich so richtig
heiß macht.

12

Start

Ziel

Lösung zu Labyrinth 12

Hilf Johanna sich
auf den Rücken
zu legen, um dir zu
zeigen, wie deutlich
sich die Konturen
ihres Intimbereichs
auf ihren Slip
abzeichnen.

13

Start

Ziel

Lösung zu Labyrinth 13

Hilf Henrietta die
High Heels
auszuziehen, damit
ihre nackten
Füße mit der
Massage deines
Intimbereiches
beginnen können.

14

Start

Ziel

Lösung zu Labyrinth 14

Hilf Emma die Hotpens und das Oberteil zurecht zu rücken, als Dank darfst du sie ordentlich f_ _ k _ n.

15

Start

Ziel

Lösung zu Labyrinth 15

Hilf Scarlet ihren
Vibrator zu finden,
dann wird sie dir
ganz genau zeigen
wie sie ihn benutzt.

16

Start

Ziel

Lösung zu Labyrinth 16

Hilf Lana sich ihrer
Kleidung zu entledigen,
damit sie ihre
Hände frei hat, dir ihre
Zuneigung auf
entspannende
Weise zu beweisen.

Start

Ziel

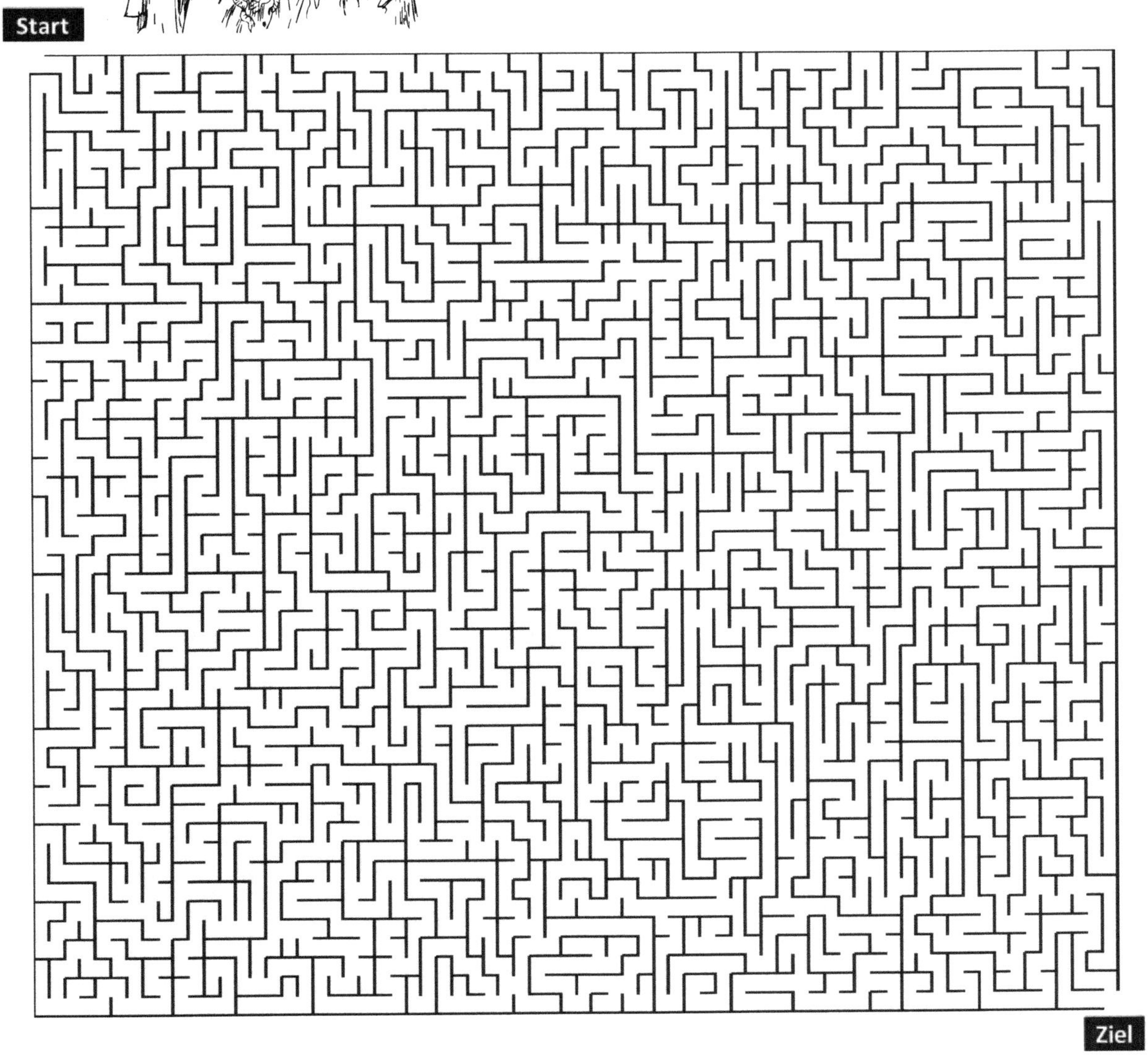

Lösung zu Labyrinth 17

Hilf Stella den
Cowboyhut
abzunehmen, damit
sie ihn an deinen
Glücksspender
hängen kann,
während sie sich
weiter auszieht.

18

Start

Ziel

Lösung zu Labyrinth 18

Weitere Titel von Anna Lana

BSDM
WORTSUCHRÄTSEL
BUCH
für Erotik Fans

F*CK*N
WORTSUCHRÄTSEL
BUCH
für Erotik Fans

Penis
WORTSUCHRÄTSEL
BUCH
für Erotik Fans

Masturbation
WORTSUCHRÄTSEL
BUCH
für Erotik Fans

Kamasutra
WORTSUCHRÄTSEL
BUCH
für Erotik Fans

Swinger
WORTSUCHRÄTSEL
BUCH
für Erotik Fans

Vagina
WORTSUCHRÄTSEL
BUCH
für Erotik Fans